Yhteiskoulu

Jaakko Korpisaari & Jarmo Saarti

KorpiSaarti

2018

Kuvat: U.W.Telén & Museovirasto (1898), Jarmo Saarti, Hannu Pelkonen & Jaakko Korpisaari, Kuopion kaupunki

Kuvitus ja taitto: Jarmo Saarti

Julkaisija: KorpiSaarti, Kuopio

© 2018 Korpisaari, Jaakko / Saarti, Jarmo

Kustantaja: BoD – Books on Demand, Helsinki, Suomi

Valmistaja: BoD – Books on Demand, Norderstedt, Saksa

ISBN: 978-952-80-0735-7

Suomalaisessa Wirallisessa Lehdessä
Syyskuulla w. 1894 olleitten kuulutusten

Rekisteri.

— 30 —

Kuopion Suomalaisen Yhteiskoulun osakeyhtiön, n:a 209,
210, 211.

MAKU

1.

naapurikaupasta sai munkkeja
mentiin poikien kanssa sinne välitunnilla
              jos ehdittiin
hyppytunnilla oli sitten paremmin aikaa

toisilla oli enemmän rahaa
              ja isommat pussit
toiset nappasivat munkin käteensä

sitten koulun pihan viereiseen pusikkoon
jossa oli kirjailijan kuva seinässä
              puraistiin
ja hillo pursusi suuhun

sotki käden tahmaiseksi
              nuoltavaksi

JS

2.

ruokana lihapiirakoita
rasvaisia ja kuumia
                joku omituinen mauste
                maku vieläkin suussa

syötiin niitä riston kanssa
                niin paljon kuin jaksettiin

ei tainnut olla kummallakaan
liikaa ruokaa kotona

                JS

3.

kaima sanoi
että saisi tungettua appelsiinin
                kokonaisena suuhunsa

mehu valui pitkin poskia
                kakova
tukehtuvan ihmisen yskä

pave
että saan toisen munkin
                jos pystyn syömään yhden huuliani
lipaisematta

söin kolme

JS

4.

söin taululiitua

laitettiin suuhun
                kaikkea
murrosikäiset pojat
                ja paljon
otettiin maailma haltuun
                suun kautta

liitu kuivatti syljen
                mutta oli hyvää

                                JS

5.

oksennuksen maku suussa
pirttiniemessä

isot pojat särkivät vessan
maksoimme sen sitten yhdessä
            koko luokka

luokkabileet
            luokka
                        JS

Vat69

Yläasteella käytiin kellarivarkaissa
haettiin viinoja

Joskus löytyi perheenisän jemma
kerran myös Vat69

Sitten juotiin viskiä talvisella hautausmaalla

JK

Vuosi juomatta

Olin keskikoulun viimeisen luokan selvin päin

niin, tai sehän oli yläaste silloin, oli siirrytty
peruskouluun,
                muistaakseni 74

Lopetettiin kasivuosi poikien kanssa
suunnitelmallisesti

pohdittiin, että hankitaan koko kesän viinat
kerralla hakurilta
ei tarvitsi jännittävää operaatiota uudistaa

Ostin neljä vinettoa

pullot vietiin kätköön Puijon metsään,
                vanhan tien alapäähän
siinä missä on ammoisen kelkkailumajan kivijalkaa

Toukokuun lopussa
alkoivat pullot jo poltella

Mentiin sateisena tiistai-iltana
                koulun jälkeen kätkölle
Meni pullo, ja toistakin

Olo seuraavana päivänä sellainen, että
viinit annoin pojille
korkkasin vasta lukiota aloittaessa

JK

Hakuri

Viinakaupan kulmalla
hakureita tavoittamassa
kaupungin katujen näkyjä,
juoppoja ukkoja

Hakurille palkkio
eka ryyppy tai rahana

Pelotti ja jännitti
uskaltaako hakuria kysyä
tekeekö oharit
            yökötti
omasta pullosta juopolle eka ryyppy

                    JK

1.

voimistelutunnin jälkeen
                vaatteet päälle
ja hikisenä luokkaan

murrosikäisten pistävä lemu

JS

2.

15

järjestäjän piti avata ikkunat
                tuulettaa
ja pyyhkiä taulu sienellä

raitis ilma syöksyi kasvoille
                poisti vanhan tiedon
ummehtuneen hajun

sieni haisi homeelle

rohkeimmat
eivät puristaneet sitä kuivaksi

JS

15

3.

risto toi moottorisahan luokkaan

meitä potkittiin kirjoituksiin
                ja koulusta pois

sahasi pulpetin halki

sisällämme vellova
                hurja vapauden tunne
öljyn palanut käry
                tarttui ihoon

JS

4.

tappelin keskikoulussa välitunnilla
sain turpaani oikein kunnolla

menin luokkaan
                ja kun tunti loppui
oksensin käytävälle

ruskea lammikko levisi lattialle
pistävä haju levisi koko käytävään

jouduin sairaalaan viikoksi
ja sain syntymäpäivälahjaksi tintin
jota luin naama mustana

JS

5.

joulukuusi juhlasalissa
            kirkon loistavat kynttilät

ja piparin
            omenan
tuoksu

paperipussissa
            jonka kannoin
            joka joulu kotiin

            JS

Ei hanskoja lattialle

Koulun poikien vessa
oli pelottava paikka
                puhuttiin keskenämme
isot pojat kiusaavat siellä

Vessassa oli viisi koppia rinnakkain
levystä tehdyt seinämät välissä

Alaluokkalaisena jännitti mennä
pakko oli
hanskat lattialle
                pöntön viereen

Yläluokkalainen tuli viereiseen koppiin
kusi hanskoihin
ja nauraa räkätti päälle

Huuhtelin hanskat
                en kertonut muille

Opin kerrasta

JK

VONKURIN ·
LUPI

"ISOJEN
POIKIEN
LUPI "

1.

kieku vei meidät käytävään
                näytti innoissaan
lampun seinään tekemän kaaren
sanoi
                siinä on hyperbola

aloin ymmärtää matematiikkaa
                sen maailmassa oloa

                JS

2.

lukiossa
innostuimme poikien kanssa tekemään julisteita
seinälle

liimasimme ne kiinni perunamuusilla
siivoojat eivät saaneet niitä irti
niin kuin sinitarralla kiinnitettyjä

vapauttakaa georgij vins
            mökköhömö
ja muut sankarit

niitä saattoi katsella
            kun tunnilla oli tylsää

JS

3.

kirkas välähdys

silmät sokeutuivat
                hetkeksi

palava magnesiumin kappale vesilasissa
kemiantunnilla
                ja opettajan hymy
kuin taikojaan tekevän noidan

ja auringon pimennys
                koulun pihalla
mustien lasien läpi

                JS

4.

pimeä talviaamu
suljen silmäni luokassa
            enkä näe mitään edessäni

JS

5.

menimme katsomaan juhlasaliin elokuvaa
kalevalasta

se oli sitä aikaa
jolloin naapurissa oli maa
              jota ei enää ole

elokuvan väritkin
olivat epätodelliset
              kuin käsin maalatut

JS

Mikki

Mikki-nenäliina
jäänyt pesutuvan pyykkinarulle

Se oli hieno
sanoin kotona, että löysin

äitipuoli käski palauttamaan

JK

Armeijan talot

Mäkikadun pihassa
leikki myös lapsia armeijan taloista
Kari oli samalla luokallakin

Kasarmialueella oli vielä vartiosotilaat
puolikuun muotoinen pelti kaulalla
                    ja ase olalla
liikkuivat polkupyörillä

Ei ne meitä lapsia huomauttaneet
tunsivat varmaan armeijatalojen lapset

Kasarmitalossa tuntui vanhalta ajalta
                    kolmikerroksisia
rapistunut rappukäytävä
kuluneet rappuset ja puukaiteet

Asunnotkin jotenkin vanhoja
oli eroa Mäkikadun taloihin
                    hisseineen

JK

Tupsulakki

Oli varmaan talvi 71 tai 72
ei vielä verkkariaikaa
oltiin kunnon talvitamineissa

Kovat pakkaset
ei olisi haluttanut pukea enää karvahattua päähän
se oli vanhanaikaista

Muodissa oli tupsullinen lakki
meillä oli veljen kanssa
mustasininen ja punainen

Siitä sai käännettyä korville villavuorin
ei sekään ollut muotia

JK

Lammasturkki

Hipit tulivat pihaan
pihaan oli muuttanut uusi kaveri
se oli yläluokalla
sillä oli lampaannahkaturkki

Seisottiin lumisella Mäkikadulla
                pimeä ilta,
katuvalo sai lumikasat kimmeltämään

Seistiin ympyrässä
me karvahatut päässä
yläluokkalainen lammasturkissa

Karvahatut päässä
                kuunnellen
kuinka pilvi oli tullut kaupunkiin

kyllä,
kamakauppias päivysti
                yhteislyskän aidan takana

JK

Muutto

Murrosiän alla muutettiin Maaherrankadulle
                omaan osakkeeseen

Talo oli vanha
radan vieressä
asunto 50-luvun mallia

Vieressä sataman teollisuusalue
pienteollisuushalleja
keräyspaperin paalit kentällä

Kaverit jäivät Mäkikadulle
Iltaisin kävely,
elokuvateattereitten julisteita
                ja kuvia katsomassa

Maxim, Kuvakukko, Alfa-Romeo

Torstaisin vaihtuivat julisteet

JK

3

BAIKAL AMUR MAGISTRAI

1.

istuin joulukirkossa
kuuntelin kun lapset lauloivat jouluvirttä
          minä en saanut laulaa
opettaja oli sanonut niin
          jo kansakoulussa

JS

2.

jykä karjui laulukokeissa:
                ostakaa makkaraa
ja sai kuutosen

ja jarmo jonkin oikean laulun
                kympin arvoisesti

me muut
älysimme pitää turpamme kiinni
ja saimme
                seiskat todistukseen

JS

3.

aamunavaus juhlasalissa jouluviikolla
seisoimme näyttämöllä
            kynttilät käsissä

koko koulu oli siellä
ja minultakin alkoi loppua happi

aloin heilua
            ja kuulin
kun joku pyörtyi takanani

katsoin
            tyttö makasi maassa
pudonnut kynttilä
            oli sammunut

JS

4.

suvivirsi
      ja sen loputtua

ääretön
      hiljaisuus
            tila
                  ja aika

                              JS

5.

ruotsinopettaja soitti äänilevyjä
pyyhki kädellään pintaa puhtaaksi

neula raapi rikkoutunutta levyä
                hyppeli
ja äänivarsi palasi alkuun

emme kuunnelleet

JS

Puistokoulu

Kansakoulun neljännen olin Puistokoulussa

Mäkikadun lähin koulu oli Asemakoulu, ihan
naapurissa
sinne aluksi, mutta se oli täynnä
porukkaa tuli kai Inkilänmäeltä

Luokalta siirrettiin muutama Puistokouluun
minä myös

Puistokoulu oli pienempi
ja rauhallisempi

Siellä alkoi englannin opiskelu
Surakka opetti

One, two, three
aivan käsittämätöntä

se on van, ei one
            tytöt neuvoivat

JK

1.

kylmä rauta kädessä
                repi nahkaa
                ja poltti kämmentä

kieppi ja kiintopyörähdys
                käski sodan käynyt mies
perseelleen meni tämäkin yritys

JS

2.

poikien kanssa harrastettiin karatea
            se oli muotia silloin

löin käteni läpi
pukuhuoneen käytävän katosta

            siihen tuli reikä
ja käteen sattui

JS

3.

pulpetin puinen pinta
vaihtuu liukkaasta karheaksi
                kun sillä kuljettaa kättään

koloja
                joihin on kirjottu
monia elämiä

JS

4.

pesäpalloräpylän nahka kädessäni
hikisen limainen toisen käden jäljiltä

meitä koulutettiin sotimaan
heittämään kranaatteja

kestämään koettelemuksia
        ymmärsin
        vasta myöhemmin

JS

5.

alushoususillamme
                kylmässä käytävässä

odotimme terveydenhoitajan luokse
                jonossa
joka liikkui hitaasti

paksu neula
                tunkeutui ihon läpi
ruiskutti jotakin kehooni

sitten se vedettiin pois
värähdin pakenevasta kivusta

JS

Pääsykoe

Keskikouluun oli pääsykokeet
oli harjoituskirjojakin valintakokeisiin
mutta ne kaikki oli lainassa kirjastosta

Oli mentävä kylmiltään

Läpi meni

JK

Murrosikä rysähti päälle

Keskikoulun kolmannella tuli peruskoulu
siirryimme sitten yläasteelle

Verkkareista farkkuihin

Tuli myös uusia oppilaita
maalaisia Petoselta

En tiedä miksi ne olivat erilaisia
kai aina uuteen ryhmään tulo on vaikeaa

Teppo oli erikoinen kaveri
suulas ja kova riitaa haastamaan
kaveerasi pienikokoisen nyrkkeilijän kanssa
turpansa suojaksi, näin arvelimme

Tapeltiin mekin sitten koulun aulassa
Tepon kanssa

Ei tullut ratkaisua
oli vain uhittelua

JK

Vapaaoppilas

Yhteiskoulussa ope neuvoi
kannattaa hakea koulun johtokunnalta
                vapaaoppilaspaikkaa

Voi saada kokonaan tai puolivapaan
                sama systeemi Minarissa
erikseen haettiin ruokailusta

Saatiin välillä kokonaan,
välillä puoliksi

Oltiin köyhiä

                    JK

Huonot numerot

Murrosikä kai näkyi selvästi
Numerot huononivat

Olisko ollut seiskan joulutoikassa,
kun nelosia tuli useampia

Taisivat opettajat pistää varoitusmielessä

Luokanvalvoja Bruun otti puhutteluun
ja kyseli,
                    mistä johtui
oliko kaveripiirillä huonoa vaikutusta

Farkkuasussa, pitkä kihara tukka
katsellen kenkien kärkiä

Kyllä kavereilla oli vaikutusta
hyppytunnit kierrettiin kaupoissa
                    piti näpistellä

                    JK

Teroitus

Talvella pelattiin jääkiekkoa
luistimet teroitettiin suutarilla tai peltisepällä

Keskustassa oli useampi paikka
porukassa vaihdettiin tietoja osaamisessa ja
hinnoissa

Osasiko teroittaa kahdella uralla
onko kuitenkin yksi parempi
                kunhan ei pilaa teriä

JK

Lappalainen

Lappalainen oli kemian ope
ja tuli meidän luokanvalvojaksi lukiossa
sai vaivoin järjestystä pidettyä,
opetus melko hyvää

Outolintu
älykkö, parrakas menninkäinen
osasi kuitenkin jollakin tavalla olla meidän kanssa
samalla tasolla

Pyysi myös kotiinsa, siivoustalkoisiin
omakotitalo, ruotsintaloja

Talo oli täynnä tavaraa
lehtikasoja, kirjoja, levyjä, eksoottisia soittimia,
kielisoittimia

Eipä siivoustalkoista paljoa jälkeä jäänyt
ei Lappalainen saanut järjestystä

Erikoinen kaveri,
säilykepurkeissa öljyssä paistettuja heinäsirkkoja

JK

KUOPION YHTEISKOULU

* 18.1.1893
† 1.8.2011

Jo joutui armas aika,
sinun kaduillas, koulutie!
Enkeli taivaan lausui näin:
jumala ompi linnamme,
koska meitä käsketään!

Oppilaat
Opettajat
Yhteiskunta

kuudes aisti
                kuudennelle aistille
                tämän kirjoitan
näinä aikoina
                kun karsinat palaavat
ja ihmiset jaetaan taas luokkiin

tyttöihin ja poikiin
miehiin ja naisiin
                menestyjiin ja luusereihin
kansaan ja kansainväliseen

niin ei ollut silloin
kun minä menin yhteiseen kouluun
                en edes tajunnut
että tytöt ja pojat eivät kuulu samaan luokkaan
vaikka niin oli toki silloinkin
                ja vieläpä aika lähellä

lyskän poikia vitutti
ja tipulan tytöt kuolasivat aidan takana
me menimme käsi kädessä

punainen parta
se on ensimmäinen muistoni
                punainen parta

                    ja pääsykokeet
piha
ja paljon lapsia
kenkien alla rapiseva sora
                    hiki ja jännitys
portti
joka aukenee
tai sitten menee kiinni
polku joka avataan
meille
jotka pääsevät yhteiskouluun
sinne ei kaikilla ole asiaa
niin minulle on sanottu kotona
ja lähetetty pyrkimään
jonnekin
jota en tunne
mutta jonne on mentävä

rehtori
jota kutsuimme napoleoniksi
sanoi
että meistä tulee kansakunnan kermaa
nauroimme
mutta emme enää
piilo-opetussuunnitelmat ovat ainoat
missä koulut onnistuvat

minä aloitin keskikoulussa

ja lopetin keskikouluni
peruskoulun todistukseen

siirryin lukioon
laskin laskutikulla
ja ylioppilaaksi laskukoneella

tehtiin avaruusasema
ikuisesta loppuunmyynnistä
haetuista pahvilaatikoista luokkaan
ja menimme sinne asumaan

meillä oli oma lehti
                kipinätön
ja sillä maine

samalla piti kasvaa aikuiseksi
vaikka se oli vaikeaa
kun maailma juoksi karkuun sellaista vauhtia
ettei tahtonut pysyä perässä

minä, jaakko ja hannu
väiteltiin lyytikäisen kanssa vallankumouksesta
uskontotunnilla

minusta projekti oli ohi
kun valta on kumottu
                pojat suunnittelivat jo

uutta valtaa

me
istumassa ensimmäisen luokan syksynä
koulun kivisillä rappusilla luokkakuvassa

viereisellä seinällä taulu
jossa on kaatuneiden nimiä

me istumassa
ja jounilla kumisaappaat jalassa
kaikilla kirkkaat silmät
eteenpäin katsovat
innokkaat

kuva on mustavalkoinen
niin kuin maailma silloin
                kun olimme lapsia
ja saimme istua tukevalla graniitilla

tulevaisuus edessämme
menneisyys vieressämme

toinen niin kaukana
                ja toinen
vielä liian lähellä
                koulun käytävillä

minä heitin lumipallon
silloin kun vielä oli lunta
ja talvi

ja hain uimalla
jalkapallon
keväisen jäisestä vedestä

meinasin hukkua
jäädä järveen hiideksi

näkkejä vartioimaan
jotka asuivat laitureiden alla
                liejun seassa
jonka kevään valuva vesi
sekoitti

ääretön pimeä
jota katsoin
niin monena aamuna

luokassa
joka oli suljettuna supistuvaan tilaan

ja ääni
joka luki
tai kertoi jotakin
jota en vielä ymmärtänyt

siitä maailmasta
johon minua kasvatettiin

mentiin käsityötunnille asemakoululle
kiertolaisiahan me jo silloin olimme
fasisti opettaja seisoi portailla

kiroili meiltä tunareita
joku sulatti löylykauhan alumiinin puhki
ja toinen katkaisi vannesahan terän

me olimmekin tulevaa bittiälymystöä
ihmisten poikia
menossa toisenlaiseen maailmaan
kuin se
johon meitä kasvatettiin

JS

Valinta

Kansakoulun neljännen keväällä oli valittava
keskikouluun oli haluttava
                se maksoi

Toinen vaihtoehto oli yläluokat ja kansalaiskoulu
                sitten töihin
se ei kiinnostanut

Koulun valinta oli arpapeliä
                veli oli Minarissa
klassikkaa peloteltiin latinalla
poikalyskään oli vaikea päästä

Pihasta kauppiaan pojat olivat yhteiskoulussa
se oli lähelläkin
sinne pyrkimään

                JK

FINIS